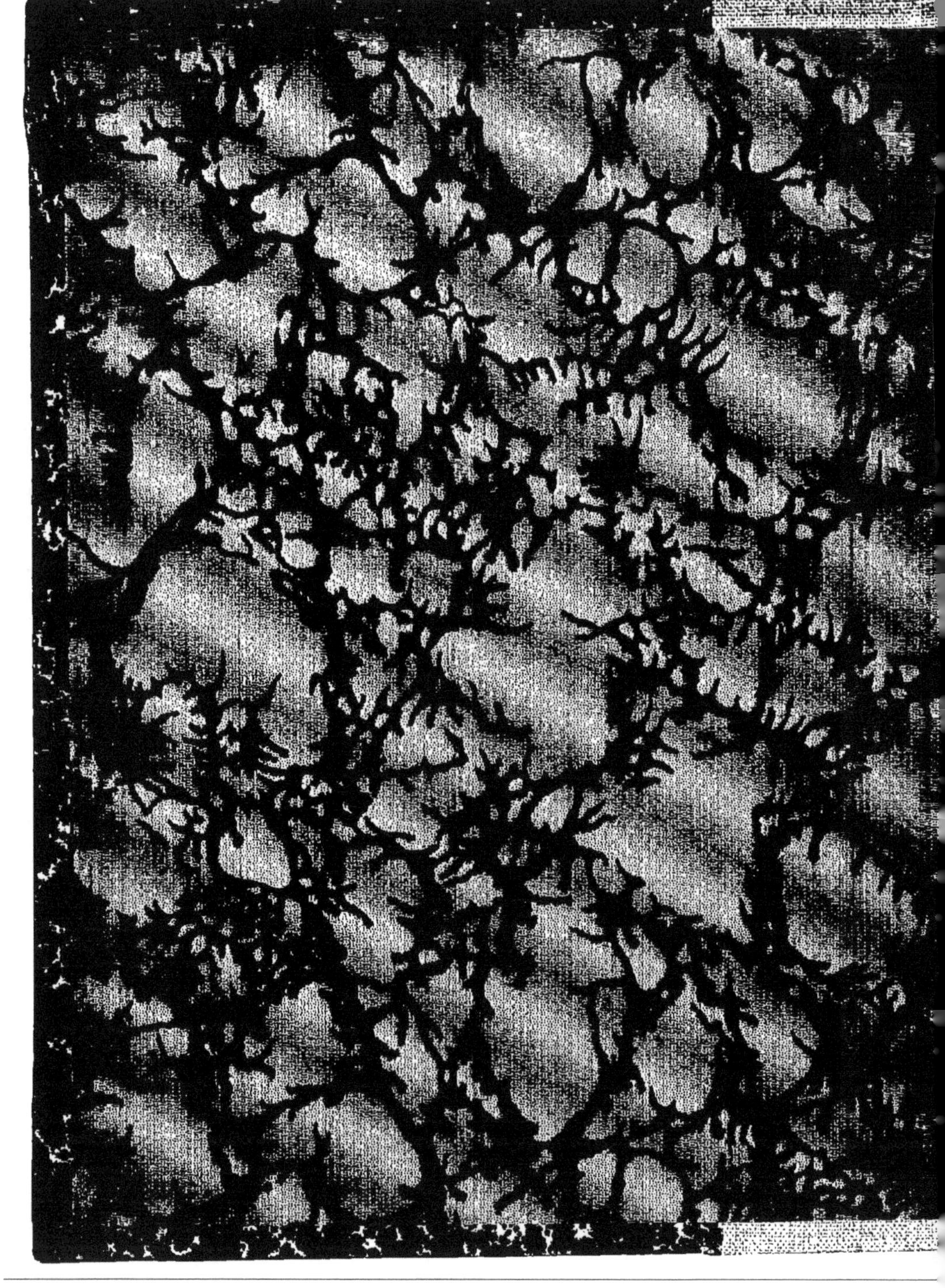

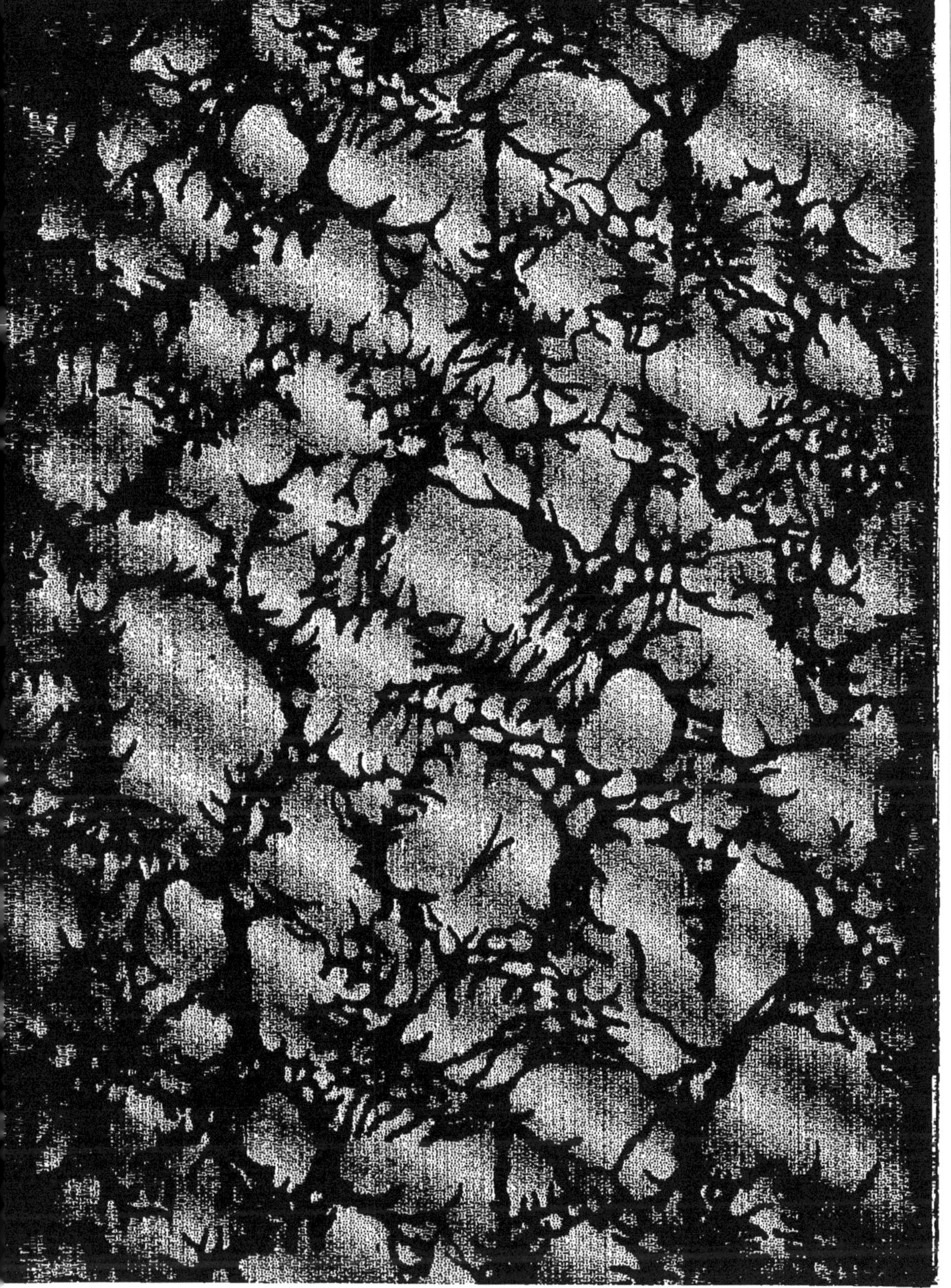

ÉLISABETH OZANAM

ÉLISABETH

OU

L'ANGE DE LA FAMILLE

Élisabeth! c'était le nom de cette enfant bénie, qui devait passer sur la terre comme le fait la rose, y répandant son délicieux parfum, puis, à peine entr'ouverte, meurt sans se flétrir, faute de la rosée, c'est-à-dire, faute du bonheur du ciel !

(*Récit d'une de ses compagnes.*)

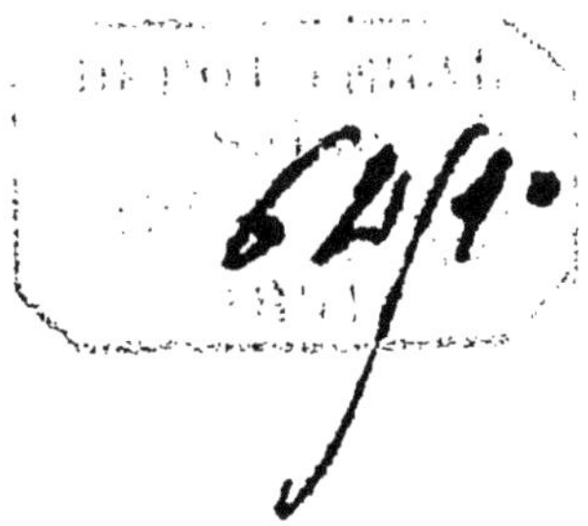

PARIS

IMPRIMERIE DE LA SOCIÉTÉ DE TYPOGRAPHIE

J. MERSCH, DIRECTEUR

8, RUE CAMPAGNE-PREMIÈRE, 8

1881

INTRODUCTION

L'homme lui-même laisse-t-il
toujours à une fleur parfaite le
temps de s'épanouir !

INTRODUCTION

Ces courtes pages, que nous écrivons sur une âme bien chère au Seigneur, ne sont point destinées à sortir du sanctuaire de la famille et de l'amitié.

Elles ont pour but de consoler un père, une mère cruellement frappés dans leurs plus tendres affections.

Elles rappelleront aussi pour des compagnes, pour des amies, le souvenir d'une enfant qui, pendant plusieurs années, les édifia par une vie exemplaire, par le spectacle de ses douces et constantes vertus, dans le couvent bien-aimé où elles faisaient ensemble leur éducation.

Lorsqu'elle était, suivant la parole de l'Ecclésiaste, jeune encore, et avant d'avoir pu s'égarer, Élisabeth a cherché la sagesse dans sa prière avec une grande constance.

Cette vertu grandit au fond de son cœur, comme un raisin mûr avant le temps, et son âme y trouva la joie dans un âge où bien d'autres n'en connaissent que le nom.

« Elle sera entrée droit au ciel, disait une de ses compagnes, sans avoir éprouvé une fatigue, ni versé une larme, ni subi un malheur, ni rien fait d'éclatant en apparence : ce n'était qu'une enfant !

« Mais elle prenait chaque matin, près du Saint-Sacrement, cette résolution fort simple de faire du bien à ses compagnes, de contenter toutes ses maîtresses, et d'accomplir les moindres actes de la vie avec générosité de cœur, avec perfection.

« C'étaient bien là ses préoccupations de toute la journée.

« Oh ! qui pourra dire les actes de charité, d'abnégation, de renoncement, de patience, qu'elle dut accomplir pour persévérer dans sa précieuse résolution ! »

« Douce et humble de cœur, pure de tout orgueil, on la voyait prompte à obéir, plus heureuse de donner que de recevoir : Le viatique de Dieu lui suffisait, suivant la belle expression de saint Clément d'Alexandrie.

« Elle vivait dans une attention continuelle à la présence de Dieu ; son cœur était vaste, prêt à aimer pour Jésus ; elle tenait ses yeux constamment fixés sur l'enfance du Sauveur, qu'elle cherchait à imiter.

« Jouissant ainsi d'une paix profonde, elle avait l'âme débordant d'un insatiable désir de bien faire : aussi c'était à flots que l'Esprit-Saint lui versait tous ses dons les plus précieux.

« Remplie de pieuse volonté, le cœur ardent au bien, animée d'une confiance filiale, sans cesse elle était préoccupée de ses compagnes et de ses maîtresses ; simple et vraie dans ses paroles, les petits torts mutuels que l'on ne peut éviter en ce monde, ne laissaient pas même en elle la trace d'un souvenir. Toute dispute, toute division lui faisait horreur : la charité était l'âme de sa conduite. »

Vie courte, mais laborieuse et sainte! elle n'a été qu'un acte continuel d'amour de Dieu, qu'une ardeur incessante pour le salut des âmes. — Sursum corda! telle était sa devise : Regardez en haut!

Si la lecture de cette simple notice peut encore réchauffer quelque tiédeur, réveiller un pauvre cœur

assoupi, et lui faire tourner ses regards plus hau.,
vers le ciel, nous croirons avoir ainsi complété l'œuvre
de cette chère enfant, nous aurons mis le comble à ses
vœux et rendu la couronne d'Élisabeth plus belle encore au Paradis, en lui faisant accomplir l'apostolat
du souvenir.

I

LA NAISSANCE ET L'ENFANCE

D'ÉLISABETH

> Travaille bien, fais ta prière ;
> La prière, vois-tu, c'est le ciel ici-bas !
> (GIRAUD.)

I

LA NAISSANCE ET L'ENFANCE

D'ÉLISABETH

> Alors que, petit enfant, dans un
> berceau vous reposez doucement,
> quand votre mère vous oubliernit,
> Jésus ne vous oubliera pas.

Marie-Élisabeth OZANAM naquit à Paris, le 6 avril 1866.

Elle appartenait à une de ces familles qui ont à cœur de rester chrétiennes malgré les difficultés et la dépravation du siècle : famille comme on en rencontre encore heureusement un grand nombre dans notre patrie si cruellement éprouvée.

Marie-Élisabeth parut morte en naissant; les soins assidus de son père parvinrent à la ranimer : elle lui dut ainsi deux fois la vie. Le 8 avril, elle fut baptisée par un ami intime de sa famille, Mgr Amanthon, archevêque de Théodosiopolis, délégué apostolique pour les missions de Mésopotamie.

Cette faveur du baptême octroyée par un missionnaire des pays lointains, par un prince de l'Église, semblait présager les grâces de choix dont le Seigneur devait orner une âme aussi privilégiée.

La jeune néophyte reçut le nom de *Marie*, la reine des anges; puis au sortir des fonts baptismaux, elle fut portée à l'autel de la sainte Vierge pour lui être consacrée d'une manière toute spéciale. Ce souvenir, qu'on lui rappela souvent, lui apprit de bonne heure à connaître cette Mère de grâce et de bénédiction.

Elle reçut en outre le doux nom d'*Élisabeth*, en mémoire de sainte Élisabeth de Hongrie, si célèbre par sa charité, si intéressante par ses malheurs. C'était aussi le nom d'une sœur de son père, morte jeune encore, mais remplie de grâce et de mérites, et regrettée de tous les siens.

C'est ainsi qu'en se répétant à travers les générations, le patronage des saints aide à perpétuer les souvenirs touchants et les doux liens de la famille.

Il rend plus sensible la protection que les frères du ciel exercent sur ceux de la terre.

Dès sa plus tendre enfance, notre Élisabeth se montrait toute attrayante de grâce et de candeur.

Sa physionomie calme et sérieuse était pleine de charme, d'une régularité parfaite; ses yeux grands et noirs attiraient les regards, comme la simplicité et la modestie de sa tenue lui gagnaient tous les cœurs.

Elle vint au monde la sixième enfant; cinq autres frères et sœurs la suivirent. Comme ils étaient onze en tout, elle se trouva former le centre de la famille et fut ainsi plus à la portée des grands comme des petits, se rapprochant de l'âge de chacun, familière, et bien-aimée de tous. Tendre pour ses parents à qui elle ne donna jamais une cause de chagrin, elle était déjà une compagne pour ses aînés et se montrait une petite mère pour les plus jeunes. C'était vraiment le lien et le sourire du foyer.

Bien jeune encore, à l'âge de sept ans et demi, Élisabeth entra au couvent, chez les dames religieuses du Saint-Enfant-Jésus, — dites de Saint-

Maur, — où la liberté de sortir chaque dimanche lui fut donnée par grande exception, son père ne pouvant aller la voir. Des maîtresses saintes et expérimentées l'accueillirent avec amour.

Dans ce pensionnat, rempli de l'esprit de famille, dans ce milieu tout imprégné du parfum de Dieu, Élisabeth devait voir s'accroître en elle les heureuses dispositions dont elle était douée; son attrait pour la piété se développa en même temps que son intelligence. Ses deux sœurs aînées, Marie et Thérèse, étaient encore au couvent quand elle y entra, elle n'eut donc pas de peine à s'y accoutumer. Sous la direction des saintes religieuses, elle se mit promptement au travail et acquit bien vite la confiance de ses maîtresses jointe à l'affection de ses compagnes.

Tous les ans, les vacances la ramenaient au sein de la famille. C'était un heureux temps; on était nombreux, on était bien unis, et la joie débordait de toutes parts. En véritable caravane on se rendait aux bains de mer; l'oncle vénéré accompagnait souvent les voyageurs et devenait l'aumônier de la colonie. Chaque matin on assistait à sa messe, servie par les jeunes frères : car là, comme partout, l'accomplissement de la vie chrétienne guidait tous les cœurs. Élisabeth aimait de préférence ces doux instants qu'elle passait dès l'aube du jour, ainsi recueillie, pieusement agenouillée au pied des saints autels.

Après la messe venaient les promenades sur la plage, puis les heures de travail. Élisabeth était chargée de surveiller deux petits frères turbulents; elle le faisait avec un calme et une douceur unis à une fermeté étonnante à un âge encore si tendre. Les plaçant l'un à sa droite, l'autre à sa gauche, elle savait les moraliser, les retenir, les calmer, leur donner de l'émulation et en tirer un parti merveilleux. Et tout cela sans effort apparent, sans rigueur, sans vivacités de son côté, sans lutte ni révolte du côté des jeunes enfants; ils subissaient auprès d'elle l'empire de sa vertu.

C'était un repos pour les parents de voir cette petite classe si tranquille et la salutaire influence de leur Élisabeth sur les chers petits tapageurs. Du reste, la douceur des relations d'Élisabeth avec ses frères et sœurs était vraiment remarquable; jamais aucune contestation entre eux, jamais la plus petite plainte portée contre elle.

Tous la recherchaient; elle était la préférée de chacun.

Elle ne faisait pourtant pas grand bruit ! sa vertu, toute modeste, ne se répandait pas au dehors ; mais les regards de ses parents, de sa bonne grand'mère, des intimes, s'arrêtaient avec complaisance sur cette douce enfant ; ils comprenaient ce qu'il y avait en elle de suave et d'angélique ; elle apparaissait également à ses maîtresses comme prévenue dès l'enfance d'une sagesse toute céleste, dont elle suivait invariablement la voix. Mais, quoique souvent silencieuse, ou même un peu rêveuse, son ardeur au jeu n'en était pas moins grande. Jamais lasse à travers les rochers, aimant à affronter la vague, elle préférait les vacances passées au bord de la mer à toutes les autres campagnes. Arromanches avec ses vertes pelouses, sa belle église romane à la flèche élevée, ses falaises abruptes, son port animé par les arrivées fréquentes de bateaux pêcheurs et de jolies bisquines, lui plaisait par-dessus tout.

On est, en effet, à l'aise à Arromanches ; pas de casino, pas de fêtes mondaines. Ce que la famille d'Élisabeth cherchait, c'était la vie calme apportant avec elle le repos et la santé pour tous.

Mais la nature n'était point muette pour elle : les verts coteaux, la mer majestueuse, les vastes plaines, le lointain des montagnes remuaient doucement son cœur, en lui rappelant que partout où s'élève le regard, quel que soit le côté où se dirige l'âme, ils doivent reconnaître le doigt créateur du Dieu tout-puissant.

La dernière année, une petite excursion au Havre lui permit de voyager en mer sur un gros navire, et de visiter un beau port avec ses immenses docks encombrés de marchandises, ses phares étincelants sur le cap la Hève et la forêt de mâts qui encombrent ses bassins.

Elle revint charmée de ce premier voyage, fait en compagnie de ses sœurs et d'amies jeunes comme elle, aimantes et bonnes.

Le soir, après les promenades, on se rendait à l'église pour adorer le Saint-Sacrement, ou bien l'on récitait le chapelet sur la falaise en revenant au logis, aux premières ombres du crépuscule ; c'était là encore un doux moment pour Élisabeth.

A sa rentrée au couvent, elle emportait de ses vacances un bon souvenir, une salutaire impression, qui lui donnait une ardeur nouvelle pour se remettre au travail et profiter des pieux enseignements des religieuses, qu'elle retrouvait toujours avec un grand plaisir. Au couvent, elle ne pensait, du reste, qu'à obliger les élèves et les maîtresses qui l'approchaient. Là, comme ailleurs, la volonté de Dieu était son but, son bien, son guide ; elle la cherchait et la consultait ; elle ne visait qu'à se dépouiller d'elle-même, qu'à renoncer à ses goûts pour suivre uniquement les conseils de la perfection évangélique.

Élisabeth faisait tout cela avec une volonté tranquille et ferme, avec une intelligence éclairée d'en haut. « L'harmonie des âmes qui correspondent à la volonté de Dieu, a dit M. Aubineau, et qui persistent dans leur voie, est plus suave, plus mélodieuse que celle des étoiles accomplissant leur révolution sous l'œil divin. »

Telle fut l'enfance bénie d'Élisabeth. L'année de sa première communion, particulièrement, fut marquée par un redoublement de piété. Elle accomplit ce grand acte du chrétien au couvent. Nous donnons de cette époque une relation inspirée par le souvenir de ses efforts et de sa vertu.

Ces pages, que nous devons aux dames religieuses
qui se sont le plus occupées d'elle, achèveront de
faire connaître ce qu'il y avait de si attachant et
de si pur dans l'âme de cette enfant privilégiée.

II

LA PREMIÈRE COMMUNION

Un jour votre front porta douze ans, on vous avait préparé pour ce jour; il devait vous initier au plus profond des mystères de Jésus-Christ, et ressusciter pour vous après dix-huit siècles d'absence, la réalité de sa communion dernière avec ses premiers amis.

Vous vîntes en face du ciel et des hommes vous agenouiller devant le Pain qui avait été la vie de vos pères et qui devenait la vôtre; vous le reçûtes dans une foi sans tache et dans un amour ému.

(LACORDAIRE, *Première Lettre à un jeune homme.*)

II

LA PREMIÈRE COMMUNION

Mon Dieu! envoyez auprès des premières communiantes beaucoup de petites Elisabeth!
(*Récit d'une de ses compagnes.*)

Élisabeth entra dans la troisième classe au mois d'octobre 1876, avec la réputation d'être une petite fille douce, d'un caractère timide et facile. Déjà, tout enfant, elle avait montré un attrait irrésistible pour les choses de piété, et pendant cette année qui précéda sa première communion, on la vit pleurer en regardant ses compagnes aller à la sainte Table, tant son désir était grand de recevoir Jésus.

Sa dévotion envers la sainte Vierge était aussi des plus tendres. Comme elle avait souvent certaines difficultés pour faire les devoirs de style, sa maîtresse lui dit, un jour qu'elle devait commencer un cahier de narrations : « Appliquez-vous, mon enfant, et si le cahier est soigné, nous irons ensemble l'offrir à la sainte Vierge. » A l'instant, son petit visage rayonna de bonheur. Le devoir fut vite fait, il fut bien fait, et le cahier soigné jusqu'à la dernière page.

Ce fut vers cette époque que l'aimable enfant commença à lutter contre son naturel sur plusieurs points ; ses petites imperfections furent pour elle l'occasion d'efforts continuels et de mérites. Ainsi, Élisabeth était très sensible au moindre reproche et ses larmes coulaient facilement ; quelquefois il lui arrivait même de passer un certain temps de la récréation sans vouloir s'amuser, parce que la tristesse s'était emparée d'elle. Alors, quand elle rentrait en classe, le devoir lui paraissait plus pénible encore et elle se laissait aller un peu à l'ennui qu'il lui inspirait. Le grand travail de cette petite âme fut donc de chercher à vaincre son excès de sensibilité et cette sorte d'appréhension que lui donnait la pensée de toute étude sérieuse ou difficile.

La timidité de son caractère lui faisait aussi craindre d'accepter les petits emplois que les enfants aiment souvent à remplir dans les classes. Mais quand, après quelques mois, elle comprit qu'il y avait en ces circonstances un dévouement à exercer, elle s'y adonna volontiers et fut toujours la première à s'offrir. La pensée de rendre service, de faire plaisir à ceux qui l'entouraient, était déjà assez forte en elle pour lui faire vaincre les premières difficultés.

Cette année-là, Élisabeth fut privée deux ou trois fois de sortir le dimanche, comme on le lui permettait d'ordinaire. Mais un jour passé au milieu de sa famille bien-aimée avait pour elle tant de charmes qu'aucune punition ne pouvait lui être plus sensible. Les semaines qui suivaient cette grande privation, rien ne lui semblait difficile, car, disait-elle, en souriant, *je ne veux plus être privée comme je l'ai été dimanche, et puis, je sais bien aussi qu'à la maison on a été fort peiné de voir ma place vide.*

Pendant cette première année, elle se rapprochait toujours volontiers des élèves qui avaient fait leur première communion ; elle les trouvait si heureuses ! Elle aimait à les entendre parler de Jésus et se réjouissait quand, aux récréations, les aînées de la classe la prenaient, pour lui faire représenter, un instant, une jeune martyre ou une jeune vierge. Son visage s'illuminait à la pensée de figurer un personnage saint, bon et pur. Un jour, elle représenta l'ange qui arrêta le bras d'Abraham; elle avait alors quelque chose de si céleste et de si gracieux, que ses compagnes en ont gardé longtemps le souvenir.

Au mois d'octobre 1877, Élisabeth commença sa seconde année en troisième classe. Dès le début elle se considéra comme première communiante et se mit sérieusement à se préparer à cet acte solennel qu'elle devait si bien accomplir. Elle entrevoyait comme sa plus grande récompense d'assister aux petites réunions préparatoires et inscrivait avec le plus grand soin les impressions qu'elle y éprouvait, comme aussi les petites pratiques données, soit en général, soit en particulier, afin d'examiner ensuite si elle y avait été fidèle.

Cette chère enfant apporta dès lors un soin tout attentif à ses confessions, et le travail entrepris l'année précédente sur ses petits défauts fut repris avec énergie. Elle paraissait avoir à cœur de n'offrir à Jésus qu'une demeure pure, immaculée, et la pensée, si bien comprise par elle, qu'il fallait souvent *ôter la poussière de l'âme*, la faisait sourire.

Devenue l'une des aînées de la classe, Élisabeth commença à exercer quelque influence sur ses compagnes plus jeunes, et ses conseils donnés à propos, exprimés avec délicatesse, faisaient toujours le plus grand bien. Quand elle voyait une des élèves peu disposée à être raisonnable, ou à travailler, elle venait timidement demander la permission d'aller étudier auprès d'elle, afin de *l'encourager un peu.* Le plus souvent on disait *oui*, et quelques instants lui suffisaient d'ordinaire pour remettre le courage dans le cœur de sa petite voisine. Alors Élisabeth regardait sa maîtresse avec des yeux rayonnants de joie qui semblaient dire : *Oh! je suis contente, je l'ai gagnée.* Ce que son regard disait, son cœur venait le répéter au premier moment de récréation et c'est ainsi qu'il s'exprimait : *Le petit Jésus est bien bon de m'avoir accordé cela.*

Son influence s'étendait aussi sur les récréations. S'il faisait beau et que l'on se trouvât au jardin, Élisabeth était toujours chef d'un camp; l'union et l'entrain régnaient alors; et plus d'une fois on l'a vue se faire prisonnière, au jeu de barres, pour une de ses compagnes prise et récalcitrante. Elle comprenait que c'était un excellent moyen d'avoir la paix. Elle ne dut pas y revenir souvent, par exemple, car elle était si bonne coureuse que le camp eût donné volontiers plusieurs prisonnières pour la délivrer. La corde, le volant, etc., etc., ne lui connaissaient pas de rivale. Elle entraînait tout le monde, s'unissant de préférence aux enfants les moins gaies, pour les faire jouer. Quelle sécurité pour la maîtresse quand on la voyait ainsi se mettre à la tête d'une bande joyeuse !

S'il pleuvait, et que l'on fût obligé de rester à l'intérieur, Élisabeth, avec quelques autres élèves, faisait alors des tableaux vivants, de petites charades, de petites pièces, qui avaient ordinairement pour sujets : une première communion dans les catacombes, des conversions, des martyres.

C'est ainsi que cette enfant, dont l'âme était si belle, savait tourner vers Dieu le cœur de toutes ses compagnes. Sa simplicité faisait un de ses plus grands charmes. Modeste, sans trop de timidité, elle se prêtait volontiers à tout ce qu'on lui demandait. S'agissait-il de chanter, de raconter une histoire pour distraire ses compagnes, elle le faisait sans gêne, sans embarras, avec cette franche gaieté et cet entrain joyeux toujours indices d'un cœur pur.

Quand le Saint-Sacrement était exposé, Élisabeth passait à la chapelle tout le temps dont on lui laissait la disposition. Elle y priait comme un ange, les regards souvent fixés sur l'ostensoir et les yeux remplis d'amour pour Jésus, dont elle semblait entrevoir la beauté. Elle ne passait aucun de ces heureux jours de fête sans consacrer à Notre-Seigneur quelques instants de sa récréation. C'était une faveur qu'il fallait lui accorder : car, disait-elle, *Jésus est si doux quand il n'y a que peu de monde près de lui! il fait si bon alors lui parler, lui demander ses grâces! Puis Il sait bien que j'aime à jouer, et je veux lui prouver que ma meilleure récréation c'est d'être près de lui.*

Plus la première communion approchait, plus elle dirigeait les pensées de ses compagnes vers ce grand acte; elle priait avec ardeur, demandant à Dieu, pour chacune d'elles, la grâce d'une communion fervente.

Depuis Pâques jusqu'au moment décisif, la vie

d'Elisabeth fut celle d'un ange. Offrant au *petit Jésus* tous les sacrifices qui se présentaient, cette chère enfant devint le modèle de la classe. Douce, prévenante, s'oubliant elle-même pour rendre service, voilà ce qu'elle fut jusqu'au jour bienheureux où elle reçut son Sauveur pour la première fois.

Elle se prépara avec inquiétude, avec émotion, à sa confession générale, après laquelle elle exprima toute sa joie de n'avoir plus rien, rien sur la conscience : *Ah ! que Jésus est bon et que je suis heureuse ! qu'Il me fait de grâces !* disait-elle.

Pendant la retraite, cette aimable enfant fut toute au bon Dieu. Mais qu'il lui tardait de voir enfin luire ce jour désiré ! Elle chantait avec ardeur :

> *Mon Bien-Aimé ne paraît pas encore :*
> *Trop longue nuit, dureras-tu toujours !*

Elle priait, elle priait sans cesse pour que *Jésus fût très bien reçu dans tous les cœurs.*

La veille de ce grand jour, après avoir reçu l'absolution, Élisabeth dit à la religieuse plus spécialement chargée des premières communiantes : *Que l'on est donc heureux quelquefois sur la terre !*

Que sera-ce demain, puisque aujourd'hui est déjà un si beau jour! Puis, le soir, avant de s'endormir, elle répétait encore avec beaucoup de recueillement : *Que je voudrais être à demain! Encore quelques heures; puis c'est bien vrai, le petit Jésus viendra tout entier dans mon cœur. Oh! qu'il me tarde! Je voudrais qu'Il s'y trouvât très bien, parce qu'il y reviendrait ensuite souvent.*

Il parut enfin ce grand jour, désiré avec tant d'ardeur! La cérémonie se fit dans la chapelle du couvent; ce fut là qu'à la voix du prêtre, le tout-puissant Créateur de l'immensité des mondes voulut bien descendre dans ces jeunes cœurs.

Et devant ce Dieu fait homme, devant ces apparences du pain et du vin cachant de si divines réalités, chaque enfant vint s'agenouiller à son tour; et parmi elles Élisabeth, aussi pure que son voile blanc, aussi ardente que la brillante flamme du cierge bénit qu'elle tenait à la main.

Ses lèvres s'entr'ouvrirent, son cœur se dilata, et Jésus descendit dans ce vivant ciboire, seule demeure qu'il ambitionne réellement ici-bas.

L'union intime était consommée. Le Créateur et la créature ne faisaient plus qu'un amour. Le ciel s'abaissait vers la terre ; la terre remontait vers les cieux !

Tous les parents émus se pressaient autour de la jeune communiante, pour lui exprimer leur affection, leurs vœux, leur sympathie.

Et si l'on avait pu contempler le monde invisible, on aurait vu les anges du paradis entourant leur jeune sœur de la terre, pour lui dire: « Vous voilà aussi heureuse que nous, car vous avez reçu le pain des Anges : « *Ecce panis Angelorum,* « *factus cibus viatorum.* »

La joie d'Élisabeth fut inexprimable, et pendant les jours qui suivirent, elle demandait *à recevoir encore Jésus qui était si beau et si bon.*

Cette faveur lui fut accordée bien des fois jusqu'au jour du départ pour les grandes vacances.

Quelques mois avant sa première communion, elle avait demandé un jour naïvement à une de ses maîtresses si, à toutes les communions, on était aussi heureux qu'à la première. On lui répondit que souvent le manque de préparation empêchait de sentir aussi vivement ce bonheur; mais que si toutes les communions étaient préparées avec autant de soin que la première, Notre-

Seigneur se montrerait à l'âme d'une manière aussi douce. *Vraiment*, répondit-elle, avec un visage tout enflammé, *il n'est pas juste alors de dire que le jour de la première communion est le plus beau jour de la vie, puisque, si l'on veut, on peut en avoir beaucoup d'autres semblables. Eh bien,* reprit-elle, presque à demi-voix, *je me préparerai toujours de mon mieux et je ferai souvent des premières communions.*

Cette promesse, elle l'a bien tenue. Jamais elle ne s'est approchée de la sainte Table sans avoir passé trois jours dans le recueillement, l'application et la plus parfaite docilité. Elle n'aurait pas osé recevoir son Sauveur sans avoir fait *tout* ce qui lui était possible.

Toutes ses compagnes la chérissaient, car sa piété d'enfant était bien aimable ; son sourire si gracieux les faisait sourire à leur tour et les encourageait. C'est ainsi que s'écoulèrent les derniers mois de cette année scolaire ; Élisabeth avait été vraiment l'*ange de la classe*.

Le jour de sa première communion fut marqué par un second bonheur, par une autre grâce : car dès le soir même elle reçut avec ses compagnes le sacrement de confirmation, des mains de Mgr Guillemin, évêque de Canton en Chine. Ainsi, ce furent deux missionnaires des pays lointains qui administrèrent à Élisabeth les grâces du baptême et de la confirmation ; n'y avait-il pas là comme un avertissement céleste que l'homme n'est qu'un passager sur la terre, et que la jeune chrétienne, après sa courte mission ici-bas, nous quitterait bientôt pour les célestes demeures ?

III

LA PRIÈRE D'ÉLISABETH

> La prière est une rosée embaumée, mais il faut prier avec un cœur pur, pour sentir cette rosée.
>
> (Curé d'Ars.)

III

LA PRIÈRE D'ÉLISABETH

LE JOUR DE SA PREMIÈRE COMMUNION

> L'âme recueillie est un temple
> où Dieu se plaît autant que dans
> sa gloire.

Suivant une ancienne et pieuse coutume, les religieuses du couvent de Saint-Maur conduisent les premières communiantes, ainsi que les renouvelantes, en pèlerinage à l'église de Notre-Dame des Victoires ; chacune d'elles a préparé d'avance une lettre, où elle expose ses désirs, ses vœux les plus ardents.

Toutes ces lettres sont déposées pendant la messe sur l'autel de l'archiconfrérie, tandis que le prêtre offre le divin sacrifice.

Voici la prière d'Élisabeth en cette première année d'efforts et de mérites constants :

Ma bonne Mère,

Je viens vous demander la grâce de faire une bonne première communion, car de cet acte toute ma vie doit dépendre.

Accordez-moi aussi de ne jamais commettre un seul péché mortel.

Si jamais je devais en commettre un, je vous demande de mourir avant.

Pour obtenir cette grâce, je réciterai tous les jours un *Pater* et un *Ave*.

Bénissez tous mes parents, mes frères et sœurs, ainsi que mes maîtresses qui sont si bonnes pour moi, et mon confesseur.

Que vous leur accordiez toutes les grâces dont ils ont besoin.

Que mon père et ma mère ne soient plus souffrants ; guérissez aussi la fille de mon parrain, qui est bien malade.

Bonne Mère, je suis sûre que vous m'accorderez tout ce que je vous ai demandé, car il est dit que tous ceux qui vous ont priée, ne l'ont jamais fait en vain.

Élisabeth.

Cette prière était bien belle, bien touchante ; mais elle pouvait n'être que l'expression d'une âme tendre, ou momentanément émue par les importantes cérémonies de la première communion.

La suite des faits a démontré qu'il n'en était point ainsi pour Élisabeth, mais que sa persévérance était établie sur le roc inébranlable de l'amour divin.

En effet, un an se passe, et les renouvelantes sont de nouveau conduites, avec les premières communiantes, à l'église Notre-Dame des Victoires.

Élisabeth renouvelle alors sa prière, en termes plus complets, plus mûrs, plus réfléchis, où tout est pesé, mesuré, où rien n'est oublié de ce qui peut intéresser les âmes.

Voici cette seconde prière :

MA BONNE MÈRE,

Étant sûre que vous m'exaucerez, si je vous prie avec confiance, je viens déposer à vos pieds l'expression de tout ce que je voudrais que vous m'obteniez de votre fils Jésus :

Et d'abord la grâce de ne jamais commettre un seul péché mortel ;

D'être toujours en état de grâce, prête à paraître devant Dieu ;

De ne point mourir de mort subite, mais de pouvoir bien m'y préparer ;

De connaître ce que j'ai demandé ce matin par votre intermédiaire à votre divin Fils ;

De bien renouveler ma première communion ;

De ne jamais m'écarter un instant du sentier de la vertu ;

D'aimer de souffrir pour Jésus, et de faire du bien à mes compagnes, sans jamais l'attribuer à moi, mais à Jésus, par la grâce de qui je l'aurai fait ;

De me consacrer, quand je serai grande, à votre service, dans cette maison bénie que j'aime tant, et où l'on m'apprit à vous aimer ;

Accordez-moi de faire du bien aux âmes et de vous les attacher ;

Que mon père et ma mère vivent longtemps heureux au milieu de nous, et ne perdent jamais la grâce ;

Que mes frères et sœurs restent toujours bons et fervents chrétiens, qu'ils ne s'écartent jamais des voies de la vertu, travaillant pour faire la joie de nos parents,

Et qu'après notre mort nous soyons tous réunis au ciel;

Que toutes les premières communiantes soient heureuses pour le jour de leur première commu‑nion; rendez Mlle X... moins légère, plus sé‑rieuse; qu'elle se prépare comme vous savez que je le désire, car je l'aime;

Convertissez‑la, je vous en prie; touchez son cœur !

Que Mlle Z... soit bonne, douce, charitable; accordez‑nous de rester unies, et que cette amitié, cette union soit pour nous fortifier, pour nous faire accomplir le bien, et pour en faire aux autres.

Que nos maîtresses soient heureuses au milieu de nous, par notre sagesse, et que nous leur don‑nions toujours des consolations;

Que ma maîtresse Mme Saint-L. ne souffre plus: car elle a assez souffert. Vous savez combien je l'aime et quelle peine j'éprouve en voyant ses dou‑leurs.

Bonne Mère, je vous en prie, si vous ne pouvez

obtenir qu'elle soit guérie, sans que quelqu'un s'offre pour elle, je vous en supplie, demandez que je souffre à sa place; mais daignez la soulager.

Moi, au moins, je le mériterai plus qu'elle : ce sera la punition de mes péchés; je dirai que je l'ai bien mérité, et au moins elle ne souffrira plus.

Bénissez aussi mes amies, mes compagnes, et que cette amitié, cette union, soit pour nous fortifier, nous faire accomplir le bien, et le faire accomplir aux autres.

Faites que je sois toujours au tabernacle avec Jésus pour y vivre constamment.

Adieu, ma bonne Mère, je vous remercie, et vous demande de toujours vous aimer et vous faire aimer.

Votre petite enfant,

ÉLISABETH.

La reine Blanche, régente du beau royaume de France, disait au jeune roi son fils, qui devait être saint Louis :

« Mon fils, vous m'êtes bien cher : cependant j'aimerais mieux vous voir mourir devant mes yeux que vous voir commettre un seul péché mortel ! »

Parole grande et belle sur les lèvres d'une mère,

qui préfère ainsi la mort de son fils, le fruit de ses entrailles, le cœur de son cœur, à la souillure de l'âme.

Aussi l'héroïque langage de la reine Blanche a franchi les limites du temps; il fait pour toujours partie de l'histoire de l'Église, et sera répété d'âge en âge à toutes les générations chrétiennes, comme le récit du sacrifice d'Abraham, ou de la mère des Machabées.

Et cependant, il faut le dire à la gloire de l'Église catholique, bien des fois cet héroïsme s'est renouvelé sous toutes les formes dans le silence de la prière. Bien des fois il a été imité par les enfants et les vierges de France, s'offrant en holocauste pour le salut de l'Église ou de la patrie.

Toutes les âmes se ressemblent ainsi par leur côté céleste.

A son tour, Élisabeth sortant à peine de l'enfance, Élisabeth âgée de douze ans, conçut et exprima les mêmes pensées de dévouement sublime, préférant la mort à l'idée même de l'offense divine.

« Oui, dit-elle au Très-Haut : je suis à vous ! Et si jamais je devais l'oublier, si je devais avoir à craindre en ce monde de vous perdre ou de vous offenser, ah! prenez-moi d'avance, prenez-moi, je demande à mourir ! »

Quoi de plus noble et de plus touchant que cette prière ? La vie semble un si grand bien! et l'enfant qui commence à en connaître les premiers épanouissements paraît en jouir avec tant de bonheur !

Mais l'intimité avec le bon Dieu conduit à des intuitions admirables.

Élisabeth, dans sa prière, a déjà disposé, avec une science intime, la hiérarchie de ses affections.

Dieu d'abord, devant qui tout s'incline, et dont l'amour doit passer le premier.

« A lui tout ce que je suis, tout ce que j'ai d'ardeur, de force et de vie ! »

Eh quoi donc? ne lui restera-t-il plus rien ? Élisabeth sera-t-elle stérile pour la terre? Non, non. Ce dépouillement profond de l'âme n'appauvrit pas le cœur. A peine a-t-on donné tout au Seigneur, qu'il vous rend la libre disposition de tout, en vous prescrivant l'amour du prochain.

Élisabeth le comprend et met au premier rang dans sa prière le salut des âmes.

Pour l'obtenir, rien ne lui coûte. Elle travaillera, se mortifiera; elle se fera religieuse, et, si elle vit encore, cette vie entière sera consacrée à l'apostolat.

Cependant, ô pensée profonde pour une si jeune enfant! humilité parfaite! tout ce bien qu'elle fait, qu'elle doit faire, elle veut qu'il soit rapporté, non point à elle, mais à Jésus, à lui seul; « car, dit-elle, c'est par sa grâce que je l'aurai fait. »

Voici donc l'enfant de douze ans initiée d'emblée au véritable esprit du christianisme. Elle a compris combien, dans les actes de la vie, Jésus est tout, l'homme n'est rien. Jésus embrasse dans sa grande médiation le ciel et la terre; les anges et les saints n'adorent que par lui : « *Per quem laudant Angeli, adorant Dominationes, tremunt Potestates.* »

Par lui l'homme propose, Dieu dispose. Par lui l'homme demande, Dieu exauce. Par lui toujours l'homme s'immole, Dieu accepte et agrée.

Projets, prières, immolations, n'acquièrent de vrai mérite que par N. S. J. C.

Mais le Très-Haut exauce plus souvent qu'on ne le pense ces demandes héroïques, dans les quelles les enfants et les reines tiennent le même langage, le langage des saints.

Élisabeth spécifie ensuite ses demandes, et dès lors, sa famille bien-aimée se trouve au premier rang. Elle est préoccupée de ses parents, de ses frères et sœurs, de leur salut, de leur bonheur éternel.

Elle demande pour eux en ce monde, non la richesse ou la jouissance humaine, mais douceur, paix, fraternité, charité. L'union et la concorde, voilà la force vraie, le vrai bonheur.

La prière se termine enfin par des demandes répétées pour ses amies, ses compagnes ; car la religion n'exclut point les amitiés vives et fidèles, mais elle les élève et les dirige en y mêlant un élément divin.

Dès lors, tout ce que l'amour du prochain peut inspirer de plus pur et de plus touchant est exprimé en quelques lignes ; mais on y remarque surtout l'expression de force et de fermeté que l'Esprit-Saint lui avait communiquée en la confirmant en grâce. C'est ainsi que l'affection d'Élisabeth pour ses compagnes n'avait rien qui ressemblât à l'amitié naturelle si commune à cet âge.

Si elle éprouvait une préférence dans son cœur,

ce n'était pas pour se laisser aller à une tendresse trop sensible: « Que notre amitié, écrivait-elle, soit pour nous fortifier, pour nous faire du bien et pour en faire aux autres. »

Ce continuel désir de faire du bien avait allumé dans son cœur l'amour du sacrifice et de la souffrance.

Voyant une de ses maîtresses éprouvée dans sa santé, elle demande à Marie de souffrir à sa place. « Moi, dit-elle, je l'ai bien mérité à cause de mes péchés. »

C'est bien là le plus incontestable témoignage et le fruit réel de son amour pour Jésus, qui s'est lui-même fait victime pour nous.

Enfin, la sainte enfant, après avoir exhalé tous ces ardents soupirs, ces élans de pure charité, s'empresse de regagner le refuge qui lui est si doux, le *Tabernacle*. C'est là qu'elle repose véritablement, comme la tourterelle dans son nid, et l'on sent qu'à cette hauteur il n'est plus pour elle ni effort, ni contrainte, ni même prière proprement dite ; c'est l'union, l'union intime avec son Dieu et son Tout ; c'est le Paradis, moins la gloire.

Comment ces prières furent-elles conservées ? C'est le secret du bon Maître.

Elles devaient, comme celles des autres compagnes d'Élisabeth, être brûlées après avoir été retirées de l'autel de l'archiconfrérie.

Mais la bénédiction de Marie devait porter ses fruits ; et « Dieu, pour qui rien n'est perdu, pas plus une larme de nos paupières qu'une goutte de ses rosées (1) », a permis que cette offrande qui lui avait été agréable, fût préservée du sacrifice ; puis, après être restée pendant deux années entières ignorée de tous, fût enfin retrouvée au moment nécessaire, pour servir de dernière parure à l'enfant bien-aimée.

Les perles aussi sont bien cachées, au sein profond de l'Océan. Et pourtant le Créateur permet au pêcheur vigilant d'en retrouver quelques-unes pour montrer que sa gloire, si brillante au firmament, n'est pas moins féconde au fond des mers.

(1) Frédéric Ozanam.

IV

LA PERSÉVÉRANCE

> Oh! des âmes..... des âmes!....
> Donnons tout avec Jésus, immolons
> tout pour gagner des âmes...
> Une couronne d'épines sur la
> terre!
> Une couronne d'âmes dans le
> ciel!...
> Oh! le bel échange!

IV

LA PERSÉVÉRANCE

Exemplum esto fidelium.
Sois toujours un exemple pour
les fidèles.

Au mois d'octobre 1878, Élisabeth commença
la troisième année de ses études en troisième
classe; année précieuse pour toutes ses compagnes,
année précieuse aussi pour cette chère enfant, à
cause du bien qu'elle fit autour d'elle. On la retrouva dès la rentrée dans les mêmes dispositions
qu'au moment du départ, c'est-à-dire ayant soif
de Jésus, ayant soif aussi de faire du bien aux
âmes, impatiente de faire partager par tout ce qui
l'entourait son amour pour le bon Maître.

Une fois seulement, vers le commencement de
novembre, elle s'oublia pendant quelques jours et
fut privée de sa sortie du dimanche. A partir de ce

jour où elle sentit si vivement cette privation, sa conduite fut irréprochable. Comprenant l'influence qu'elle exerçait déjà autour d'elle, influence que rendait plus grande encore le titre de *renouvelante* qu'elle porta dès la rentrée, en méritant la distinction donnée aux premières communiantes de l'année précédente, Élisabeth mit tout en œuvre pour faire du bien à ses compagnes; rien ne lui coûtait pour arriver à leurs cœurs afin de les mener ensuite à Dieu. Habile et adroite à l'ouvrage manuel, il ne se passa guère de jours qu'elle n'aidât quelqu'une de ses voisines, moins adroite ou plus lente, en terminant un ouvrage commencé ou en réparant avec complaisance quelques petites maladresses, quelques petits désordres.

A Noël, ses compagnes furent invitées à lui donner leur voix pour le titre de congréganiste. Le vote fut unanime, et ce fut à la grande joie des maîtresses et des élèves qu'Élisabeth reçut, le 25 décembre, le titre de congréganiste de l'Enfant Jésus. A partir de ce jour elle entrait, pour ainsi dire, dans la famille de Nazareth et se plaisait à se nommer *la petite sœur du « petit Jésus »*, comme elle l'appelait toujours.

Ses plus chères récréations étaient celles où il lui était permis d'orner les autels de Jésus et de Marie; elle y mettait tout son cœur et disait en souriant, quand elle reçut le titre de sacristine : *Combien je suis contente de devenir la petite femme de chambre du petit Jésus, de la sainte Vierge et des saints!* Mieux les autels étaient ornés, plus sa joie était grande.

Élisabeth avait conservé aussi son entrain et sa gaieté des années précédentes; elle comprenait que le moyen de faire aimer la piété était de la rendre aimable. Elle était toute au jeu, mais pas assez pourtant pour se distraire entièrement de la présence de son *petit Jésus.* Elle le voyait partout, à ses études, en classe, au jeu, au réfectoire même. Aussi disait-elle, un jour, à l'une de ses compagnes qui se plaignait que certaines conversations étaient parfois ennuyeuses : *Pourquoi les trouvez-vous ennuyeuses? Ayez l'air d'écouter l'élève qui vous parle; mais vous, pendant ce temps, parlez à Jésus, écoutez ce qu'il vous dira ; personne ne s'en apercevra et vous serez toujours contente.*

Le seul mot de *Tabernacle* la faisait tressaillir depuis un jour où, s'épanchant près d'une de ses maîtresses sur le bonheur de communier, elle avait compris que l'âme aimée du Seigneur peut ne jamais le quitter en faisant du Tabernacle sa demeure constante. Cette chère enfant s'y établit, en effet, et ne le quitta plus ; il devint sa demeure.

Mais son zèle pour les âmes était trop grand pour qu'elle pût longtemps y rester seule. Elle sentit un jour que deux de ses compagnes étaient à même de comprendre l'intimité de l'âme chrétienne avec son Dieu et, dès cette heure, l'amitié la plus forte, la plus solide, la plus pure, unit ces trois âmes. Elles employèrent, pour penser à Jésus, tous les moyens, le voyant toujours et partout à côté d'elles, supportant avec patience les élèves les plus diffi-ciles, voyant en elles le Seigneur enfant.

Rien de plus édifiant que ses conversations avec ses deux jeunes amies : *Je me représente*, leur disait-elle une fois, *le petit Jésus au Tabernacle, à peu près de notre taille, avec une robe d'or et de longs cheveux frisés. C'est ainsi que je le vois quand je suis à la récréation ou à travailler. Mais quand je suis triste, que j'ai besoin d'être consolée, Il me semble aussitôt plus grand ; son air enfant prend une expres-sion pleine de bienveillance et de douceur ; Il m'ouvre*

*ses bras et me montre son cœur dans lequel je me
précipite.*

Au fond du Tabernacle, disait-elle encore, *j'aperçois comme un champ d'épines parsemé de fleurs. Ces fleurs sont les bonnes actions que nous pouvons accomplir. On a une petite mortification à faire, elle coûte; alors je vois l'Enfant Jésus qui me dit : « Va me chercher cette jolie petite rose au milieu des épines. » Impossible de lui résister. J'y vais. Quand je reviens, j'ai bien les pieds et les mains écorchés par les épines qu'il m'a fallu traverser, mais je remets ma rose au petit Jésus. Et lui, aussitôt, panse mes blessures, me caresse, et je ne sens plus que le bonheur de lui avoir été agréable.*

Elle se préparait avec un soin minutieux à toutes ses communions. Parfois, il arrivait à une de ses maîtresses de lui demander pourquoi à telle ou telle petite fête elle ne s'était pas approchée de la sainte Table : *Ah !* répondait-elle, *je suis bien privée maintenant, mais je n'étais pas assez bien préparée, je vais réparer cela cette semaine pour pouvoir communier dimanche.*

Sa conscience était si délicate que le manquement dont elle parlait était souvent un rien que la maîtresse n'avait même pu remarquer. Elle était fidèle aussi à noter ses victoires et ses défaites sur un défaut ou une imperfection. Elle luttait jusqu'à ce que l'ennemi parût vaincu, et combattait généreusement, sans se décourager, avouant bien simplement ses petites défaites.

Quand elle avait eu le bonheur de faire la sainte communion, elle cherchait à garder le bon Dieu dans son cœur. *Oh! je veux être très sage*, disait-elle, *afin que Jésus reste longtemps, longtemps dans mon cœur; je ne veux pas l'offenser dans la plus petite chose, de peur qu'il ne me quitte.*

Une fois qu'elle ne semblait pas aussi raisonnable que de coutume, sa maîtresse lui en fit l'observation; l'enfant écouta la religieuse avec respect et retourna à sa place;... puis, quelques instants après, elle revint et dit avec simplicité :

Oui, Madame, c'est vrai, je n'avais pas envie d'être sage; mais Jésus m'ayant dit qu'Il allait quitter mon cœur, je l'ai prié de rentrer bien vite et je vais être très sage pour qu'Il y reste.

Ce fut vers cette époque que, trouvant le dortoir insuffisant pour contenir toutes les enfants de la classe, on fit coucher Élisabeth dans une chambre assez vaste attenant à la lingerie. La chère enfant se plaisait dans sa *cellule*, comme elle l'appelait, et il lui arriva maintes fois de se faire une gracieuse petite coiffure blanche représentant celle des dames de Saint-Maur. Elle y mettait tant d'habileté et de soin, qu'elle réussissait à merveille ; et sa joie était grande quand, surprise ainsi coiffée, par l'une ou l'autre de ses maîtresses, on était obligé de lui avouer, en souriant, que cela lui allait parfaitement. Mais elle ne se permit cette petite fantaisie que lorsqu'elle habitait toute seule sa chambre. Plusieurs fois, en effet, Élisabeth eut une compagne choisie parmi les plus difficiles, car l'on savait pouvoir compter sur la chère enfant ; elle n'aurait pas souffert au dortoir le moindre mot, le plus petit manquement à la règle.

Du reste, Élisabeth convenait elle-même que les instants précédant son sommeil étaient des meilleurs et des plus doux. Elle aimait alors à converser avec Notre-Seigneur, lui racontant sa journée, lui avouant ses faiblesses, lui demandant plus de courage si elle avait été vaincue, le remerciant de ses dons. Tout cela se passait au Tabernacle ; c'était là qu'elle prenait son sommeil.

Le cœur de Jésus, disait-elle, *est mon oreiller ; il y fait bon, et j'y dors toujours bien.*

Ayant entendu un jour faire la réflexion que, chez ses parents, Élisabeth ne parlait pas beaucoup, on lui en demanda la raison. Elle répondit avec un charmant sourire, où se mêlait quelque chose de grave et de respectueux : *Je parle peu, parce que j'écoute..... j'aime à écouter.*

Le moment fixé pour la première communion de chaque année approchait ; Élisabeth se préparait à renouveler la sienne. L'aimable enfant ne cessait de prier, de se mortifier, d'encourager ses compagnes, de se faire, en un mot, leur bon ange. Ayant compris un peu ce qu'est Notre-Seigneur, elle eût voulu lui offrir leurs cœurs, comme des cœurs de séraphins ; elle souffrait de leurs moindres fautes, elle eût désiré les éviter afin d'éviter de la peine à son Dieu.

Elle remplissait surtout ce rôle d'ange gardien envers Mlle ***. Dieu seul sait tout ce qu'Élisabeth fit pour cette âme ! Un jour Mlle *** s'étant mise en faute, la religieuse de la classe vit, dans la soirée, qu'Élisabeth paraissait souffrir, tout en travaillant sérieusement. Soudain de grosses larmes coulèrent silencieuses sur son travail ; la religieuse l'appela et lui demanda la cause de ce profond chagrin. *Ah ! je ne puis m'empêcher de pleurer,* dit-elle, *en voyant Mlle *** ne pas mieux se préparer à sa première communion. Si elle savait ce que c'est que le petit Jésus et la première communion !*

Tout le monde remarqua cette chère enfant pendant la retraite du renouvellement ; ses deux meilleures amies étaient aussi en retraite pour leur première communion ; leurs dispositions étaient excellentes. Élisabeth, alors, sembla elle-même les oublier pour se faire oublier ; pendant la récréation du soir seulement, elles se trouvaient les unes à côté des autres pour chanter des cantiques et appeler leur Sauveur. Mais le jour de son renouvellement, Élisabeth ne se posséda pas de joie quand elle vit ses deux compagnes après la messe de communion ; elle allait de l'une à l'autre, leur disant : *Oh ! maintenant, nous sommes plus sœurs encore ; vous avez Jésus ! N'est-ce pas qu'Il est beau, le petit Jésus ? N'est-ce pas qu'Il est bon ? Jusqu'ici, il me semblait qu'il y avait une distance entre vous et moi ; à présent, il n'y en a plus, puisque vous avez aussi reçu le Seigneur.*

Les trois amies se soutinrent ainsi jusqu'au jour des prix, qui devait être celui de la séparation. Six semaines sans se voir après avoir été aussi intimement unies, c'était pénible pour ces trois petites âmes. La pensée des vacances, quoique les rendant bien heureuses, n'éloignait pas de leur front tout nuage.

Après la rentrée, Élisabeth devait monter en seconde classe : ses deux jeunes amies en seraient encore plus séparées. Ce fut le sujet d'une vraie peine, et la pensée d'être toujours toutes les trois au Tabernacle pouvait seule les consoler. Elles convinrent de ne point partir le jour des prix, mais seulement le lendemain, afin d'avoir encore cette dernière soirée pour s'entretenir du Tabernacle avec leurs maîtresses.

En effet, les trois chères élèves ne quittèrent le couvent que le lendemain des prix, après s'être fait leurs adieux devant le Tabernacle, promettant au Seigneur de ne rien faire qui pût les éloigner de cette demeure divine. Élisabeth avait sa couronne de roses blanches sur la tête ; c'était son prix de sagesse si bien mérité. Ce fut les larmes aux yeux que, dans une dernière étreinte, elle dit à ses amies : *A Jésus au Tabernacle! Adieu!*

Élisabeth arriva en seconde classe, au mois d'octobre 1879, tout impressionnée des bons sentiments et des excellentes dispositions des années précédentes. Sa nature aimante eut à faire un immense sacrifice, en quittant la classe de sa première communion, en laissant des maîtresses qu'elle affectionnait beaucoup, en qui elle avait toute confiance, et, surtout, en se séparant des deux amies avec qui elle avait passé de si bons et de si pieux moments.

Le sacrifice, elle le fit avec générosité, et, certainement, Notre-Seigneur qui connaissait ce cœur si ardent, eut pour très agréables les mortifications continuelles que, pendant ces trois derniers mois de son séjour au couvent, elle sut s'imposer à cet égard. Malgré l'attachement profond qu'elle conservait dans son âme, sa docilité à la règle fut absolue, et sa délicatesse pour ses nouvelles maîtresses et ses nouvelles compagnes fut entière. Il arriva qu'une fois les deux classes réunies jouant ensemble, cette chère enfant s'approcha de ses deux amies pour leur demander si elles étaient sages et surtout pour savoir si elles

ne quittaient pas le Tabernacle. La pieuse con-
versation durait encore lorsque les classes se sépa-
rèrent. La maîtresse lui dit un peu sévèrement
qu'elle n'avait plus rien à faire avec les enfants de
la troisième. Elisabeth ne répliqua pas un mot,
vint prendre la main de la religieuse et joua
comme s'il n'était rien arrivé.

On ne la vit jamais durant ces trois mois lever
les yeux aux prières qui se font à chaque heure en
classe, et pendant lesquelles, hélas! les enfants
sont si souvent distraites. Les mains jointes, les
yeux baissés, elle édifiait tout le monde.

Au mois de novembre, pour exciter un peu la
piété et le zèle de la classe, on avait organisé
deux camps qui devaient rivaliser d'ardeur pour
soulager les âmes du purgatoire. Nommée zéla-
trice, Élisabeth n'oublia jamais d'avertir l'élève
chargée de faire le chemin de la Croix, s'offrant
même de remplacer, pendant la récréation, celle
qui était fatiguée ou absente.

On parla, un jour, de l'utilité qu'il y a d'offrir ses actions à Dieu afin d'acquérir des mérites. Le lendemain, ayant compté combien de
fois elle pouvait tirer son aiguille pendant le

temps destiné à l'ouvrage manuel, elle eut l'idée d'offrir à Dieu, comme autant d'actes d'amour, chacun de ses points de broderie; puis elle arriva toute joyeuse vers une de ses chères maîtresses lui faire part de son calcul qui s'élevait à un chiffre fabuleux.

Au temps de Noël, cette ferveur sembla redoubler encore; son unique pensée était pour le petit Jésus, *auquel elle voulait préparer*, disait-elle, *une belle et bonne layette.* Choisie pour faire partie du chœur de la chapelle, elle y apporta tout son entrain et toute son énergie.

Ses examens du trimestre l'effrayèrent un instant; elle eut même la pensée de se décourager devant ses livres ouverts. Mais réfléchissant combien le bon Maître serait heureux de la voir studieuse et appliquée, elle se mit avec ardeur au travail, et n'eut que de très bonnes notes.

Le zèle des âmes continuait à dévorer ce petit cœur, si plein d'amour pour Dieu. La nouvelle maîtresse lui avait confié deux de ses compagnes au commencement de l'année; elle ne les quitta jamais plus aux récréations, et souvent, bien souvent, elle se mortifia pour obtenir à ces deux enfants un peu d'amour pour le Sauveur.

Après la rentrée du jour de l'an, Élisabeth, qui avait si peu de temps à passer au milieu de ses chères maîtresses et de ses compagnes tant aimées, n'eut plus qu'une pensée ; ne rien négliger pour se préparer à la retraite, qui devait commencer le 25 janvier.

Elle répétait sans cesse combien elle était heureuse de voir arriver ces jours de recueillement. Dès lors, on remarqua une application extraordinaire à ses devoirs, à ses études, une docilité plus parfaite encore. Chaque fois qu'on rappelait le souvenir de la retraite, il se passait dans sa physionomie quelque chose de si pieux, de si recueilli, qu'on en était impressionné. Heureuse et sainte enfant, que de fois l'on envia pour ses compagnes l'esprit qui l'animait !

La dernière fois qu'elle se confessa au couvent, l'aumônier lui dit que si elle venait se confesser chaque semaine, il lui permettrait de communier tous les dimanches, et l'accent avec lequel elle répondit *oui*, fit comprendre qu'on avait accédé à un ardent désir de son cœur.

Mais elle ne l'avait pas exprimé elle-même,

ne se croyant pas meilleure que les autres.

En effet, sa piété, comme sa manière de vivre, était simple, et ne réclamait ni exceptions ni faveurs. Faire de son mieux, mais faire comme tout le monde, être toujours la même, c'était là le véritable caractère de sa vertu.

Huit jours avant sa sortie de Saint-Maur, dans le courant de janvier, une de ses anciennes maîtresses lui demandant si elle était toujours sage, Élisabeth répondit : *Oh! oui, madame.* La religieuse lui dit alors : « Vous avez reçu plus que d'autres, vous devez donc beaucoup donner, et Dieu vous bénira, en permettant que vous fassiez encore du bien aux âmes. » *Oh! je le voudrais bien,* reprit-elle, *c'est mon plus cher désir!*

Chaque fois du reste qu'on lui parlait de ses projets d'avenir, et de ce qu'elle pourrait devenir dans le monde, elle répondait qu'elle n'avait qu'un but : entrer dans la vie religieuse et se consacrer à Dieu pour toujours.

———

V

LA MORT D'ÉLISABETH

Now another day is gone
So much pain and sorrow over
So much nearer our dear home
There we'll praise him
There we'll bless him for ever...

———

Un jour de plus s'est écoulé,
Jour de douleur et d'agonie !
Mon pauvre cœur est consolé :
Un pas de plus vers la patrie
Est fait !... Encore quelques jours
M'unissant au concert des anges
Comme eux d'amour brûlant toujours
Je célébrerai ses louanges.

(*Vie d'Élisabeth Seton* par l'abbé BABAD.)

V

LA MORT D'ÉLISABETH

Il fallait qu'elle mourût à la fleur
de l'âge et de la grâce, parce qu'il
n'y avait plus que cette mort qui
pût ajouter à sa couronne.

Ce fut le 16 janvier qu'Élisabeth, déjà toute souffrante, quitta son couvent, laissant après elle le souvenir des grâces extraordinaires dont le Seigneur l'avait comblée, — souvenir des plus suaves et des plus consolants, souvenir qui restera à jamais gravé dans le cœur de toutes celles qui l'ont connue et si tendrement aimée.

On ne soupçonnait point alors qu'elle partait pour toujours, et que cet *adieu* serait le dernier. Tant il est vrai qu'il faut toujours se tenir prêt pour le grand départ. Comme les vierges sages, ayons soin de ne pas renverser notre lampe : car l'Époux divin pourrait venir et trouver l'huile répandue, la lampe éteinte. Nous ne savons ni le jour ni l'heure, veillons donc et prions sans cesse.

Une fièvre typhoïde maligne qui régnait alors dans Paris, commençait à s'emparer de ce jeune corps. La maladie fut bénigne d'abord et insidieuse pendant la première semaine, puis subitement terrible par des hémorrhagies et des défaillances qui épuisèrent rapidement les forces, enlevant bientôt toute espérance de salut.

Il est difficile d'exprimer les sentiments de ces parents malheureux, contemplant les souffrances et le rapide déclin de leur enfant si chère et remplie de tant de précieuses qualités. Elle allait expirer dans la chambre même où elle était née, au pied du lit de sa mère bien aimée. C'était plus que n'aurait pu en supporter la nature abandonnée à elle-même ; mais à côté de la nature qui succombait, surgissait la grâce divine pour les fortifier et les soutenir. Nuit et jour au chevet de la mourante, ils s'efforçaient de lui prodiguer tous les secours, surtout les divins secours du ciel.

Les derniers jours d'Élisabeth furent ce que son existence trop courte, mais si pieuse et si douce, pouvait faire présager. La maladie la trouva calme, patiente, toute résignée à la volonté de Dieu. Jamais une plainte ne sortit de ses lèvres, jamais un murmure.

Quoique abattue par la fièvre et la souffrance, elle resta soumise et le cœur tout embrasé d'amour pour Jésus. Toujours reconnaissante des soins qu'on lui prodiguait, elle n'eut que des paroles d'affection pour tous, mais surtout pour son père et sa mère, qui l'entouraient de leur dévouement et pour lesquels sa tendresse sembla encore redoubler.

Élisabeth revit aussi avec un vrai bonheur son excellent confesseur, l'aumônier du couvent, celui qui lui avait fait faire sa première communion et qui venait maintenant l'encourager, la soutenir et recevoir les derniers aveux de sa conscience délicate, de son cœur virginal tout rempli du divin Maître.

« Vous n'avez pu, lui dit-il, venir vous confesser, comme vous l'aviez promis, au bout de la semaine et je viens à votre place. »

Elle répondit : « *Me confesser? mais je ne suis pas préparée, je ne pourrai pas me rappeler mes péchés.*

— Je vous aiderai, lui dit l'abbé.

— *Alors je veux bien*, répondit-elle aussitôt, *mais je crois que je ne me rappellerai rien.* »

C'était sans doute l'innocence de son âme, plus que sa fièvre déjà dévorante, qui lui faisait avouer ainsi une conscience sans reproche.

Elle était assoupie, quand on commença de préparer sa chambre le matin où l'on devait lui apporter la sainte communion.

Quand elle ouvrit les yeux : *Qu'est-ce qu'on fait?* » dit-elle ; et quand on lui annonça que son *Jésus* allait venir : *Oh! tant mieux*, dit-elle, *je suis contente!*

Ce fut sa dernière joie ici-bas! Son attention à suivre l'ornementation du petit autel élevé dans sa chambre fut des plus touchantes. Elle ne sortait de son recueillement que pour sourire à ces différents apprêts ; elle s'y intéressait, désirant y voir mettre tous les soins possibles afin que l'autel fût beau et agréable aux yeux. Mais elle prépara surtout son âme à cette communion. Son cœur était pur : Jésus y trouva une demeure faite pour lui plaire. Pendant son action de grâces, rien ne put distraire sa tendre dévotion et ses élans d'amour et de reconnaissance : elle priait tout haut, remerciant Dieu et lui demandant ses bénédictions pour tous les siens, qu'elle nommait sans en oublier aucun.

Le nom de ses maîtresses chéries sortait aussi de ses lèvres, comme l'une des principales préoccupations de son cœur.

Elle put recevoir six ou sept fois l'absolution pendant les derniers jours de sa maladie ; et comme le prêtre cherchait à lui inspirer une pensée de contrition : « Jésus, pardon ! Jésus, je vous aime ! » toujours on vit, même pendant l'abattement le plus profond, causé par la maladie, ses lèvres remuer et chercher à répéter tout bas l'invocation qui lui était suggérée.

Le lendemain de la sainte communion, l'aumônier lui demanda si elle voulait recevoir le sacrement des malades :

« *Quel sacrement ?* dit-elle.

— L'extrême-onction.

— *Ah ! c'est vrai.*

— Voulez-vous la recevoir ?

— *Oh ! je veux bien,* » dit-elle.

Et cela fut répondu sans surprise, on peut même dire sans émotion, tant elle était disposée à accepter tout ce qui pouvait préparer son âme à paraître bientôt devant Dieu. La prière de sa première communion était visiblement exaucée.

Après avoir ainsi consacré à Dieu ses derniers instants de lucidité, Elisabeth déclina sensiblement. Bientôt il fallut lui donner l'indulgence plénière. La maladie, suivant son cours violent, fit des progrès terribles, la mort s'approchait d'un pas rapide. Elle allait faire exhaler vers le ciel les célestes parfums que Dieu avait renfermés dans cette âme bénie. La chère enfant, déjà agonisante, retrouva une lueur de connaissance au moment de mourir; à l'exemple de Notre-Seigneur sur la croix, ce fut pour reconnaître sa mère bien-aimée :

C'est maman! dit-elle.

Puis, souriant doucement à son père agenouillé près de son petit lit, elle éleva vers le ciel un regard brillant et radieux, comme si elle apercevait déjà les premières lueurs du paradis, et s'endormit pour toujours, le 31 janvier 1880, à une heure du matin.

Son âme angélique avait pris son essor vers ce cher et divin Jésus qu'elle avait aimé par-dessus tout.

C'était un samedi, jour consacré à la sainte Vierge, jour où Marie a promis de délivrer du purgatoire les âmes qui abandonneront la terre après avoir porté pieusement son scapulaire précieux.

Espérons que cette bonne Mère aura tenu sa promesse, et qu'elle aura conduit elle-même à son divin Fils celle qui l'avait si bien priée.

VI

REGRETS

Tout astre s'éteint ici-bas,
Tout trésor se dissipe,
Toute âme est rappelée !
(R. P. Lacordaire.)

VI

REGRETS

La mort d'Élisabeth causa une impression générale de peine et de regrets tout à fait hors de proportion avec ce qu'on devait attendre du simple souvenir laissé par une enfant si jeune et encore ignorée.

D'où venait cet attrait puissant qui reliait ainsi ce jeune cœur à tant d'autres ?

« C'est qu'elle savait aimer véritablement, et ne pouvait aimer quelqu'un sans que l'âme se glissât derrière le cœur, et que Jésus fût de moitié entre ces deux affections déjà si pures !

« C'est que, comme l'a si bien exprimé le

R. P. Lacordaire, il faut avoir pénétré dans ce dernier sanctuaire de la conscience pour obtenir la véritable intimité, l'intimité surnaturelle ; car que peut-il y avoir d'intime là où on ne va pas jusqu'au fond des pensées et des affections qui remplissent l'âme de Dieu ? »

Arrivée à ce degré d'union, l'âme humaine prédestinée à l'éternité ne connaît ni l'âge, ni le temps.

La perfection non plus n'a pas d'âge, et partout où elle se rencontre, dans l'âme de l'enfant comme dans l'âme du vieillard, on tressaille à leur souffle et l'on s'y attache invinciblement.

Le lendemain de la mort, Élisabeth fut étendue sur un lit de parade, revêtue de ses vêtements de première communiante, témoins muets des plus douces joies de sa vie. Ses mains tenaient encore le crucifix consolateur de ses derniers moments. Une couronne de roses blanches encadrait son front, un long voile de tulle la couvrait tout entière, comme pour l'abriter dans son dernier sommeil, et l'enfant semblait sourire encore à ce petit Jésus qu'elle avait tant aimé !

Bien des personnes vinrent s'agenouiller dans

. cette chapelle ardente et déposer sur le lit funèbre des fleurs, des bouquets, des couronnes.

Mais une main inconnue, que nul ne put voir ni distinguer, fixa sur son cœur deux branches de lys. L'une d'elles fut scellée dans la tombe de la jeune victime, symbole de sa pureté virginale; l'autre fut pieusement conservée par ses parents.

Cependant l'heure de la séparation avait sonné; c'était un dimanche, et le convoi funèbre, qui se dirigeait vers l'église Saint-Sulpice, contrastait péniblement avec la gaieté du jour, répandue sur tous les environs.

Pourtant on arrive, et, dès l'entrée, la voix grave du prêtre fait entendre une première bénédiction ; une foule émue et recueillie remplissait la chapelle de la Sainte Vierge. C'étaient les nombreux amis de la famille, venus pour accomplir un dernier devoir.

Vingt-cinq ans auparavant, et dans cette même chapelle, la même assemblée d'amis fidèles avait célébré le mariage des parents d'Élisabeth ! L'union et la mort devant le même autel !

Le sanctuaire était rempli par des prêtres et des religieux : dominicains, capucins, franciscains,

Pères du Saint-Esprit, Pères des missions d'Afrique, Frères de Saint-Jean-de-Dieu, religieuses de Saint-Vincent de Paul, Petites Sœurs des Pauvres, Sœurs de la Présentation, etc.

L'aumônier du couvent officia lui-même, le curé de Saint-Sulpice donna l'absoute ; puis le convoi funèbre se dirigea vers le cimetière de Montparnasse.

C'est là que repose, dans l'attente de la grande résurrection, celle qui, dès le premier jour de sa vie, s'était donnée toute à Jésus, le maître de la vie.

Au moment où le cercueil descendait dans le tombeau, on vit une jeune fille du même âge, inconnue de tous, montée sur un tertre voisin, sangloter et prier. Elle disparut sans qu'on pût la retrouver ni savoir son nom.

Ame pieuse et compatissante, qui êtes ainsi apparue un instant comme l'ange de la consolation, sans nous laisser vous reconnaître, que Dieu vous rende le bien que vous avez fait et qu'il vous récompense du don précieux de vos larmes !...

Tout est fini : la tombe a dit son dernier mot, l'Eglise a donné sa dernière bénédiction ; il faut revenir vers sa demeure, abandonner à la terre ces précieuses dépouilles qui naguère souriaient encore.

Il faut revenir, mais sans *elle*.

Ah ! c'est peut-être alors le moment le plus cruel. A cette place où l'on était accoutumé à sentir un être aimé, on ne trouve plus que le vide, le néant...

Voici la chambre qu'*elle* habitait, le petit lit où *elle* reposait, ce livre qu'*elle* aimait à lire, cette image de sa patronne, Elisabeth de Hongrie, que son regard cherchait souvent. Mais *elle* n'y est plus ! et pourtant sa voix retentit encore vivante à l'oreille, semble-t-il, ou bien plutôt au cœur, à l'âme, où rien ne meurt !

Mais pourquoi s'arrêter à ces tristes pensées ? Parents, amis fidèles et dévoués, relevez vos fronts courbés ; la terre n'est rien, le ciel est tout ; c'est là qu'il faut porter son regard, car *elle* y est, radieuse et couronnée.

Les lettres de condoléance affluèrent de toutes parts, et les sentiments affectueux qu'elles renfermaient furent une véritable consolation pour le cœur déchiré des parents.

La plupart écrivaient bien moins sur le ton de la condoléance qu'en les félicitant du bonheur de leur enfant, si vite formée pour devenir la petite sœur des anges.

Les maîtresses et les compagnes d'Elisabeth qui avaient pu si bien apprécier ses vertus cachées, furent des premières à la pleurer. Une messe fut dite pour elle au couvent par M. l'aumônier, qui fit à ce sujet la plus touchante allocution aux ieunes pensionnaires.

Puis, les élèves voulurent se partager les plus légers souvenirs : un livre, une image, une mèche de cheveux, sa photographie surtout, qui leur rappelait des traits si doux et tant aimés.

Chacune d'elles voulut ensuite fixer ses souvenirs en consignant dans un pieux récit tout ce qu'elle avait vu d'édification et de sainteté dans sa jeune compagne.

L'une d'elles disait : « C'était vraiment un ange, Élisabeth ! quand je la considérais à la chapelle, elle me paraissait si pieuse que je ne cessais de l'admirer. On aurait dit qu'elle brûlait d'écouter ce que Dieu lui disait. »

Une autre s'exprimait ainsi : « A mes côtés, à

la chapelle, je me plaisais à la regarder, tant sa ferveur était grande, tant son visage avait quelque chose d'angélique, et tant elle était absorbée en Dieu ! »

« Seigneur, s'écriait une autre, les fleurs en mourant laissent une semence féconde ; cette âme n'aurait-elle laissé aucune âme qui voulût continuer son œuvre d'édification ? »

Et ailleurs : « Mourir à treize ans ! quel coup terrible ! Est-il vrai, mon Dieu, que vous enleviez si vite les roses du milieu des épines, et les grains de froment du milieu de l'ivraie? Ah ! Jésus ! laissez-nous du moins Élisabeth pour nous convertir. »

« Peut-être, Élisabeth, que vous entendez mes vœux, peut-être que vous m'aimez aussi. Prouvez-le-moi en priant pour moi, car je veux devenir une sainte comme vous! »

Ses deux plus intimes amies allaient jusqu'à demander à Dieu de les reprendre avec elle et de les retirer du monde pour la suivre au ciel. Il fallut les conduire à part et les consoler à grand'peine de la perte de celle qu'elles appelaient leur *ange gardien*.

Déjà l'un des jeunes parents de la petite malade

avait offert à Dieu, s'il la guérissait, de se consacrer à son service et d'entrer dans le sacerdoce. Il fallait que le Seigneur fût bien jaloux de cette chère petite âme pour la disputer si vivement à la terre, et lui ravir ce jeune trésor auquel on tenait tant !

Mais le chrétien doit avoir au fond du cœur la certitude infinie que ce qui vient de Dieu est le meilleur, même quand il nous semble pire au point de vue des hommes. « Nous sommes tous des fleurs plantées sur cette terre, disait un jeune missionnaire, Théophane Vénard, fleurs que le céleste Jardinier vient cueillir un peu plus tôt ou un peu plus tard.

« Autre est la rose empourprée, autre le lys virginal, autre l'humble violette. »

Élisabeth, fleur éphémère et cachée, fut cueillie, dès l'aurore, pour le bouquet céleste ; Dieu l'a attirée sur son cœur, la prenant en pitié au milieu de ce monde perfide : *Attraxit me Deus miserans mei.*

VII

SI J'ÉTAIS UN ANGE !

> Bienheureux ceux qui pleurent,
> car ils seront consolés.

VII

SI J'ÉTAIS UN ANGE !

Au ciel on se reconnaît.

On lit dans les Actes des martyrs que, « cinq jours après le supplice de la vierge *Émérentienne*, les parents de la sainte et courageuse *Agnès* étaient venus, à la nuit, prier et pleurer sur son sépulcre.

« C'était le huitième jour depuis son martyre ; ils repassaient dans leur douleur les circonstances de cette mort cruelle qui lui avait mérité la palme en l'enlevant à leur amour.

« Tout à coup, Agnès leur apparut, couronnée et radieuse au milieu d'une troupe de vierges éblouissantes de beauté et de lumière.

« A côté d'elle, à sa droite, était un agneau

d'une blancheur éclatante, sous les traits duquel se manifestait le divin Amant d'*Agnès*.

« La vierge triomphante se tourne avec tendresse vers ses parents et leur dit : « Ne pleurez « plus ma mort. Félicitez-moi plutôt de l'heureuse « société qui m'environne. Sachez que je vis main-« tenant dans le ciel, auprès de Celui qui, sur la « terre, a eu tout mon amour. »

Notre Élisabeth aussi rêvait du ciel. Dans une petite composition française retrouvée parmi ses papiers, il en est une intitulée : *Si j'étais un ange !*

« Si j'étais un ange, disait-elle, j'irais au ciel me prosterner avec bonheur devant Dieu et l'adorer avec recueillement, chanter ses louanges, exécuter avec joie ses ordres.

« Puis je m'adresserais à la sainte Vierge Marie afin de la prier pour tous ceux que j'aime sur la terre ; je lui demanderais de me bénir et de bénir aussi mes amies, de veiller sur elles afin qu'elles soient toujours pieuses.

« Après avoir bien adoré Jésus, je prendrais mon vol vers la terre afin de consoler ma mère chérie, lui dire que je l'aime toujours, que je pense à elle aux pieds du doux Jésus ; je l'embrasserais,

la caresserais, lui enverrais de la joie, et cher-
cherais à la rendre heureuse.

« Puis, après avoir terminé ma mission sur la
terre, je m'envolerais au ciel me mettre aux pieds
de Jésus et l'adorer. »

Ainsi s'exprimait Élisabeth. Et Dieu dans sa
bonté extrême, l'exauçant jusqu'à la fin, permettra,
nous l'espérons, que son désir devienne une réalité et qu'elle imite la vierge *Agnès*.

En effet, faudrait-il croire que les âmes pleines
de zèle, subitement enlevées au milieu de leurs
charitables efforts, seront désormais inactives et
impuissantes pour les causes qui les ont passionnées
sur la terre? Élisabeth ne pourra-t-elle plus pour-
suivre l'œuvre d'édification qu'elle avait si ardem-
ment commencée?

Gardons-nous de croire à cette incapacité de
l'âme.

Non, les liens de la famille ne sont point brisés
dans le ciel. Notre-Seigneur Jésus-Christ nous
en donna la plus sublime assurance lorsqu'il cou-
ronna la vierge Marie aux sommets triomphants
des cieux et qu'il l'établit en même temps comme
la mère et la protectrice de tous les chrétiens.

L'amour maternel, la piété filiale, ne sont **donc** pas seulement des fleurs du temps, mais des parfums de l'éternité.

L'âme délivrée des liens du corps n'en devient que plus active pour le bien. En effet, entre cette âme et celle du prochain il y avait deux obstacles qui limitaient leur vie et leur action. C'étaient leurs enveloppes terrestres. De là tant de mécomptes, d'obscurités et de malentendus dans l'existence des hommes. Mais l'une des deux meurt, désormais il n'y a plus qu'une barrière, et l'âme libérée, triomphante du chrétien peut, avec la permission divine, revenir invisible sur la terre, pour inspirer encore à ses sœurs de nobles pensées, de fermes propos, de précieux sacrifices. La présence réelle de nos morts parmi nous est une des grandes consolations que fournit aux catholiques le dogme de la communion des Saints.

L'apôtre saint Pierre n'a-t-il pas laissé aux premiers chrétiens cette douce assurance, en leur disant :

« J'aurai soin d'être souvent au milieu de vous, après ma mort, pour que vous gardiez le souvenir de ces choses ? » (II Petr. i, 15.)

Douce et chère Élisabeth ! en montant au ciel, vous ne nous avez point abandonnés, nous en sommes sûrs. Vous êtes encore là, dans la maison paternelle, veillant à maintenir la famille dans les voies du salut, par l'union, la charité, la concorde.

Vous êtes présente dans votre couvent bien-aimé, consolant vos maîtresses de leur tâche souvent ingrate, l'éducation de la jeunesse.

Vous êtes surtout suspendue à l'oreille, au cœur de vos jeunes compagnes, pour leur faciliter de nouveaux progrès dans la vertu, pour soutenir leurs défaillances, relever les courages, sanctifier leurs actions.

Vous deviendrez pour elles, comme autrefois, la messagère des bons conseils, la confidente des tentations dangereuses, la voix qui réveille une conscience endormie, le reproche amical qui préserve d'une faute.

Oui, vous serez encore le regard pénétrant qui touche, le sourire consolateur, l'inspiration par laquelle surgit dans un jeune cœur l'idée du dévouement, l'élan généreux qui donne la force d'accomplir un sacrifice ;

Comme l'Etoile d'Orient suspendue entre ciel et terre guidait les rois mages à la crèche du Seigneur, de même vous continuerez votre mission bénie, de la terre aux cieux, nous montrant la vérité de ce mot si consolant: *Les morts sont plus vivants que nous !*

Et nous, pèlerins d'un jour en ce monde, qui espérons le salut, sans avoir encore l'assurance de la couronne, nous avons tenu à résumer dans ces quelques pages cette courte, mais touchante histoire.

Car rien n'est plus agréable aux yeux du Seigneur, rien n'est plus précieux aux regards des hommes que la mémoire des belles âmes.

Et la vôtre n'a-t-elle pas été surnommée d'une voix unanime, par vos maîtresses, comme par vos compagnes, *l'Ange de la famille ?*

VIII

L'ÉCHO DU PARADIS

> J'avais formé ce jeune cœur, qui répondait à mes soins, il promettait de récompenser mes peines par des vertus qui seraient ma couronne...
>
> Dieu l'a regardé avec plaisir et me l'a demandé... *Fiat!*... Mon Dieu!... le voici!...

VIII

L'ÉCHO DU PARADIS

La poésie est fille du ciel; elle y puise ses inspirations, elle prête aux sentiments humains une expression plus noble, une note plus sublime ; et quand l'homme a désiré se rapprocher de cet idéal divin qu'on nomme perfection, il a voulu exprimer par la poésie ses espérances comme ses regrets.

Qu'on ne s'étonne donc pas de voir les grandes vertus, les saintes morts, célébrées ou consolées par de beaux vers ! Mais laissons nos âmes s'inonder d'espérance ; elles s'imprégneront de ces parfums qui conservent le souvenir d'une vie qui n'est plus, comme autrefois le parfum que Madeleine répandit aux pieds de Notre-Seigneur, en prévision de sa sépulture.

Entre les nombreux fragments inspirés par l'angélique souvenir de notre douce Élisabeth, nous en choisirons deux bien touchants, composés par une sainte religieuse; ils furent adressés à sa famille pour la consoler au milieu de ses chagrins par le suprême espoir que laissent au cœur de l'homme ces deux mots divins : « *Spes ! Æternitas !* Espérance ! Éternité ! »

LE DÉPART

A MES PARENTS.

Ah ! ne me pleurez plus, car je suis dans la gloire ;
Je chante près de Dieu l'hymne de la victoire ;
Mon heureux vêtement, c'est l'immortalité :
Car je suis dans le ciel pour une éternité !
O parents bien-aimés, je vous dois ma couronne
Et le bonheur sacré que le Seigneur me donne.
Oüi, c'est en imitant vos constantes vertus
Que j'ai pu pénétrer au séjour des élus ;
En mes treize printemps je recueille les roses,
Et les fleurs du bonheur pour moi furent écloses
Auprès de mes parents, mes anges gardiens.

Ils m'ont toujours donné les plus précieux biens.
Parents, vous souvient-il de l'heure solennelle
Où, revêtant un jour ma parure si belle,
Je fus par votre amour conduite vers Jésus
Pour aller recevoir le froment des élus ?
Oh ! comme en ce moment votre âme fut heureuse !
« Enfant, me disiez-vous, reste toujours pieuse ;
Garde toujours intact ce si beau vêtement
Pour en être parée au jour du jugement.
Oh ! oui, reste toujours candide comme l'ange ;
Que ton pied sur la terre évite toute fange ;
Que ta belle couronne orne ton front joyeux,
Et coule en cet exil les jours les plus heureux. »
Je n'avais qu'un désir en mon âme craintive :
C'était de conserver l'innocence naïve
Et de me consacrer à ce Dieu trois fois saint,
De l'avoir pour époux durant les jours sans fin.
Il a réalisé mon désir le plus tendre,
Et s'il m'appelle à lui, c'est pour nous faire entendre
Qu'il voulait, parmi nous, se réserver un cœur
Et former les liens du plus réel bonheur !
J'ai pour l'éternité ma robe baptismale,
Et Jésus vient l'orner de splendeur virginale,
Et je cueille le lys d'un éternel printemps

Vers ce Dieu si parfait, que mon cœur aime tant.
Oh! qu'on est bien au ciel! quels torrents d'allégresse,
Quelle ineffable paix et ravissante ivresse !
Lorsque les jours d'exil auront fini pour vous,
Nous nous y reverrons... que cet espoir est doux !
Oh ! oui, c'est votre enfant, ô père, ô bonne mère,
Qui viendra vous sourire à votre heure dernière.
O frères, ô sœurs chéris, aimez ce Dieu de paix :
Un jour, auprès de lui nous serons à jamais !

SPES !

L'ANNIVERSAIRE

J'ai laissé pour un temps ma dépouille mortelle :
Un jour Dieu l'ornera de splendeur immortelle.
Mais je reste en ces lieux par l'âme, par le cœur,
Puisqu'ici comme au ciel on aime le Seigneur.
Oui, je suis avec vous, ô mon père, ô ma mère,
Vous qui fûtes toujours mon ange tutélaire !
Ah ! si j'ai sur mon front l'auréole des saints,
C'est que Dieu me plaça dans vos pieuses mains.
Entonnez du Très Haut les sublimes louanges :
Car, pour des jours sans fin, je suis la sœur des
Et vous m'avez ouvert le séjour des élus   [anges,
En me faisant bénir le doux nom de Jésus !
Ah ! ne me pleurez plus, séchez enfin vos larmes :
Chaque jour, où je suis, ce sont de nouveaux charmes,

Et près du Dieu d'amour, gardant votre couronne,
Je vois avec bonheur ce magnifique trône,
Où je vous reverrai dans la félicité,
Pour bénir le Seigneur durant l'éternité.....

ÆTERNITAS !

TABLE

Imp. de la Soc de Typ. – J. MERSCH, 8, r. Campagne-Première, Paris.

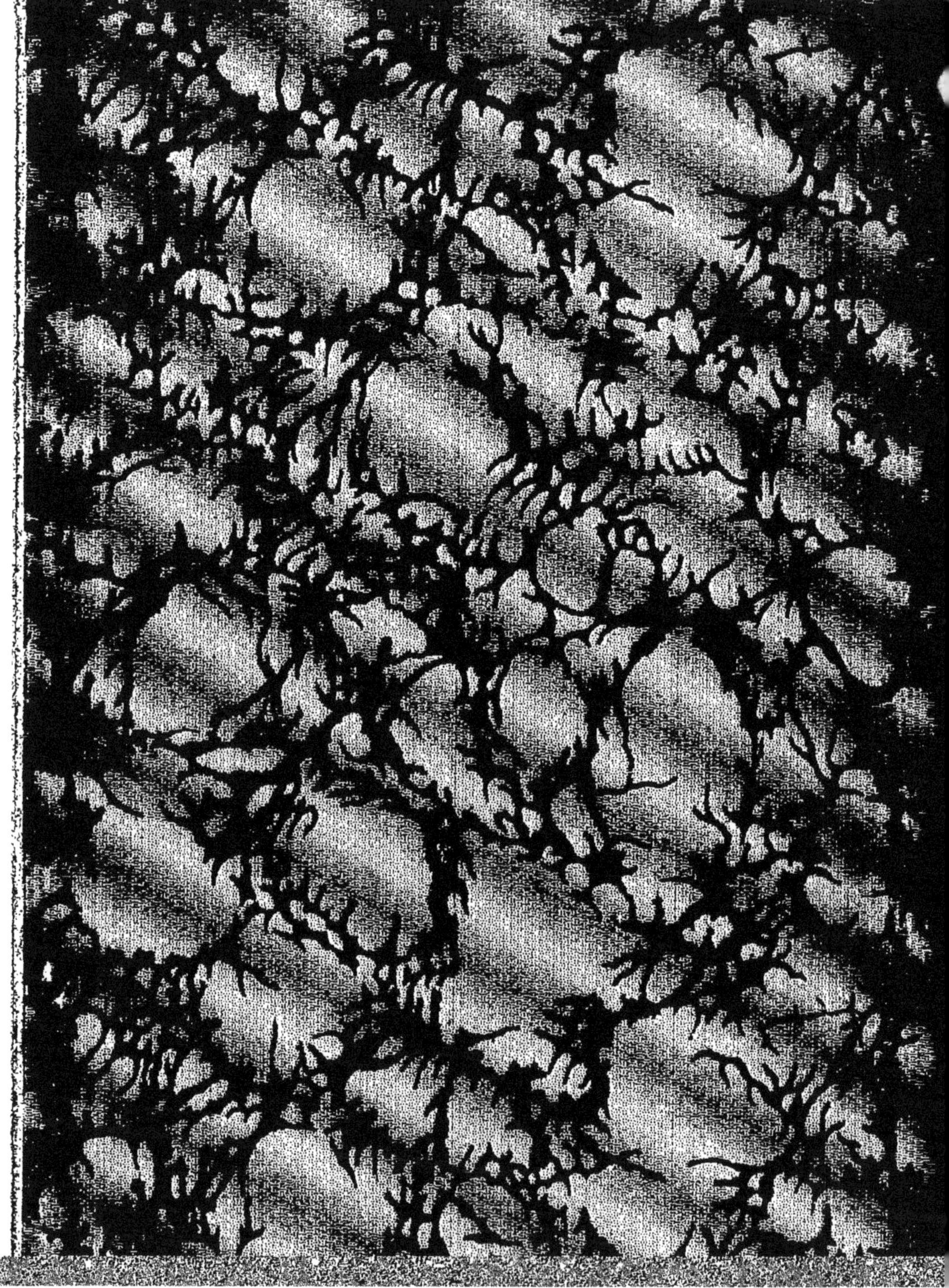